D1060336

Cocina Mediterránea

LIBSA

© 2004, Editorial LIBSA, S.A.
c/ San Rafael, 4
28108 Alcobendas (Madrid)
Tel.: (34) 91 657 25 80
Fax: (34) 91 657 25 83
e-mail: libsa@libsa.es
www.libsa.es

Cocineros:
Ignacio Talavera
Carlos Cortés Jorreto

Fotografía: F. Ramajo

ISBN: 84-662-0516-0
Depósito legal: B-34011-03

Impreso en España/*Printed in Spain*

Índice

A lo largo de la historia del hombre siempre se ha hablado de su dieta, de aquello que se podía obtener en los territorios conquistados o que se podía comercializar en las rutas marítimas o terrestres en un mundo en continua evolución.

Uno de los centros neurálgicos de la historia de la civilización occidental fue el mar Mediterráneo, alrededor del cual fueron creciendo y cayendo numerosos pueblos y culturas, cada uno de estos aportó un elemento nuevo a la que hoy se llama cocina mediterránea. Así se documenta en los textos de los clásicos griegos y latinos o en las pinturas de la época faraónica donde ya se reflejaba la trilogía básica compuesta por el olivo, el trigo y la viña. Esta dieta se irá enriqueciendo con el paso de los siglos completándose con verduras, fruta fresca y cereales; un bajo consumo de huevos y carnes rojas en favor del pescado y las legumbres; y como núcleo esencial, el uso del aceite de oliva.

En el presente libro hemos intentado acercarles una serie de platos compuestos de una escogida selección de primeros, segundos y postres, de tal manera que ustedes puedan emplear este recetario como libro de consulta puntual o con el fin de organizar una dieta básica mediterránea basada en la combinación sucesiva de los mismos. De esta forma les facilitamos un libro enfocado tanto al profesional que debe preparar un menú continuo y variado, pero siempre sano y equilibrado, como a aquellas personas que se acercan a nuestras páginas para una ocasión concreta. Como puede comprobarse, tras una primera observación, hemos intentado seguir un método expositivo sencillo y claro; con una presentación de cada una de las recetas minuciosa y cuidada en la que se puede ir siguiendo desde la elaboración hasta el resultado final enfatizado con la decoración del plato para su presentación.

Finalmente, incidir en las excelentes cualidades de la dieta mediterránea que aseguran salud y longevidad en una variedad ilimitada de recetas de las que aquí hacemos la mejor selección con gran satisfacción profesional y personal.

IGNACIO TALAVERA BLANCO
Cocinero

Sopa de Cebolla

INGREDIENTES PARA 4 PERSONAS

400 g. de cebollas
2 cucharadas de aceite de oliva
Una pizca de azúcar morena
1 cucharada de harina
750 ml. de caldo de carne (puede ser de pastilla)
2 cucharadas de vino de jerez
4 rebanadas de pan gruesas
2 lonchas de queso Emmental
Sal y pimienta

1 Pelar las cebollas y cortarlas en aros finos. Calentar el aceite en una cazuela de barro, añadir las cebollas y rehogarlas, a fuego bajo y removiendo constantemente, hasta que estén transparentes. Incorporar el azúcar morena y una pizca de sal y continuar cocinando hasta que las cebollas estén muy doradas.

2 A continuación, agregar la harina remover bien. e incorporar el caldo, lentamente y sin dejar de remover. Cuando comience la ebullición añadir el jerez, salpi-

mentar y cocer durante unos 30 minutos, con el recipiente parcialmente tapado.

3 Mientras tanto, colocar las lonchas de queso sobre las rebanadas de pan y asarlas en el horno hasta que el queso esté fundido.

4 Por último, añada las rebanadas de pan a la sopa de cebolla y sirva.

Gratinado de Hortalizas al Queso

INGREDIENTES PARA 4 PERSONAS

300 g. de hinojo
300 g. de brécol
300 g. de endibia
2 cebollas
1 cucharada de mantequilla
1 taza de caldo de verduras (o una pastilla)
Sal y pimienta
250 ml. de nata líquida
3 huevos
150 g. de jamón de York, cortado en tiritas
200 g. de queso rallado
Pimienta

1 Limpiar las verduras cuidadosamente y lavarlas. Cortar el hinojo, a lo largo, en rodajas. Separar el brécol en ramitos y cortar por la mitad las endibias. Pelar las cebollas y cortarlas gruesas. Pasar todas estas hortalizas preparadas a una cazuela, regar con el caldo de verduras, sazonar con sal y pimienta, poner al fuego y cocer unos 10 minutos. A continuación, escurrir las hortalizas, reservando su fondo de cocción.

2 En un cuenco, batir la nata junto con los huevos, el fondo de cocción reservado y

el queso, hasta que la mezcla esté bien homogénea e incorporar las tiras de jamón.

3 Engrasar con mantequilla una fuente refractaria, colocar en ella la mitad de las verduras, regar con parte de la mezcla de nata, poner las hortalizas restantes y bañar con el resto de la mezcla.

4 Por último, gratinar en el horno precalentado a 175º C durante unos 45 minutos y servir. Si la superficie se dorase demasiado cubrir con una hoja de papel de aluminio.

Espaguetis con Salsa Siciliana

INGREDIENTES PARA 4 PERSONAS

400 g. de espaguetis
Sal
PARA LA SALSA SICILIANA:
2 pimientos
1 berenjena
2 cebollas finamente picadas
4 cucharadas de aceite de oliva
Unas aceitunas negras
500 g. de tomates
1 cucharada de alcaparras
1 lata de filetes de anchoas en aceite de oliva
Unas hojitas de albahaca finamente picadas
Sal y pimienta
PARA ACOMPAÑAR:
Queso parmesano rallado

1 Eliminar los extremos de la berenjena, cortar en cuadraditos, poner en un cuenco cubrir con agua salada y dejar reposar unos 15 minutos.

Mientras tanto asar los pimientos sobre una placa al fuego, pelarlos y picarlos. Escaldar los tomates en agua hirviendo, pelarlos, retirar las simientes y picarlos. Picar las aceitunas, eliminando el hueso. Escurrir las anchoas del aceite y cortarlas en trocitos.

2 A continuación, calentar el aceite en una sartén al fuego, añadir las cebollas y dejar que se doren. Incorporar los pimientos y la berenjena previamente escurrida y rehogar unos minutos. Agregar las aceitunas, los tomates, las alcaparras, las anchoas y la albahaca, sazonar son sal y pimienta al gusto, teniendo en cuenta que las anchoas son bastante saladas, y cocer durante unos 15 minutos.

3 Cocer los espaguetis en abundante agua salada, hasta que estén "al dente" y escurrirlos.

4 Pasarlos a una fuente y servirlos cubiertos de la salsa siciliana, acompañados del queso parmesano rallado en un cuenco aparte.

Risotto

INGREDIENTES PARA 4 PERSONAS

2 cebollas grandes
300 g. de arroz
250 ml. de vino blanco
1 y 1/4 l. de caldo de pollo
50 g. de queso rallado
50 g. de mantequilla
Sal y pimienta

1 Pelar las cebollas y picarlas. Fundir la mantequilla en una sartén grande y rehogar la cebolla a fuego lento hasta que empiece a tomar color.

2 Agregar el arroz y remover. Verter el vino y dejar hervir hasta que se absorba, remover constantemente para que no se pegue el arroz.

Echar un cuarto de litro de caldo caliente y cocinar, a fuego moderado, removiendo de vez en cuando hasta que el caldo haya sido absorbido.

3 Continuar añadiendo caldo, de cuarto en cuarto hasta el final, es decir, hasta que haya absorbido todo el líquido y el arroz esté en su punto. Se ha de remover continuamente en la última fase de la cocción para evitar que se peguen los granos de arroz.

4 Espolvorear el arroz con el queso rallado, salpimentar ligeramente y servir enseguida.

Caldereta de Pescado al estilo de Barcelona

INGREDIENTES PARA 6 PERSONAS

200 g. de mero, troceado
300 g. de rape, troceado
200 g. de congrio, troceado
200 g. de calamares, bien limpios, sin bolsa
de la tinta y cortados en trozos
Una docena de mejillones
1 ñora seca
2 dientes de ajo
200 g. de tomates pelados, sin semillas y picados
150 g. de gambas
1 vaso de vino blanco
1 vaso de caldo de pescado
Aceite
Unas rebanadas de pan frito en dados
Perejil picado
Sal

1 Calentar el aceite en una sartén suficientemente grande al fuego, y freír los distintos pescados troceados, por separado. Según vayan estando pasar a un plato y reservar.

3 En el aceite que ha quedado en la sartén freír la ñora, pasarla a un mortero y majarla bien. Dorar los ajos en la sartén, agregar los tomates y cocinar unos minutos. Salar, incorporar los pescados reservados, tapar y cocinar unos minutos.

2 Abrir los mejillones en una sartén al fuego, retirar la cáscara vacía y reservarlos, así como el jugo que hayan soltado.

4 A continuación, añadir la ñora machacada, las gambas, el vino, el caldo reservado de los mejillones y el caldo de pescado y cocinar a fuego lento durante unos 30 minutos.

5 Después freír unas rebanadas de pan cortadas en dados.

6 Por último, pasarlo todo a una fuente de servir, disponer alrededor los mejillones, y las rebanadas de pan frito, espolvorear con perejil finamente picado y servir.

CONSEJO

Para que los pescados no se deshagan, conviene no freírlos demasiado.

El vino hay que reducirlo al fuego antes de echar el caldo.

Pasta Rellena

INGREDIENTES PARA 6 PERSONAS

24 canelones
2 cucharadas de aceite
50 g. de queso rallado
1 cucharada de mantequilla
Sal
Para el Relleno de Foie-Gras:
150 g. de foie-gras
100 g. de jamón de york, cortado en lonchas
1 huevo duro
1 cucharada de mantequilla
2 cucharadas de piñones tostados
Salsa bechamel

1 Poner en un cuenco la mantequilla, el foie-gras y el huevo duro finamente picado y trabajar con una cuchara hasta obtener una pasta bien fina. Cortar las lonchas de jamón en cuadrados ligeramente menores que los canelones, poner sobre cada cuadrado una cucharada de la pasta preparada y enrollarlos sobre sí mismos.

2 Calentar abundante agua en una cacerola al fuego con las dos cucharadas de aceite y sal; cuando comience la ebullición, incorporar los canelones y cocer hasta que estén "al dente". Escurrir y extender sobre un paño de cocina. Rellenar los canelones con los rollitos de paté y colocar sobre una fuente refractaria.

3 Preparar una salsa bechamel clarita con 50 gramos de mantequilla, 1 cucharada de harina, 1/2 litro de leche nuez moscada rallada y sal, y cubrir con ella los canelones. Espolvorear la superficie con el queso rallado, poner por encima la mantequilla en pegotitos y gratinar en el horno hasta que la superficie esté bien dorada. Servir decorando con piñones.

Macarrones Marineros

INGREDIENTES PARA 6 PERSONAS

500 g. de macarrones
400 g. de gambas
400 g. de almejas
400 g. de berberechos
400 g. de mejillones
2 tomates
2 dientes de ajo
1 vaso de vino blanco
Unas hebras de azafrán
Unas hojas de perejil
Aceite
Sal y pimienta

1 Calentar en una olla grande con abundante agua con sal y un chorro de aceite. Cuando rompa a hervir, agregar los macarrones y dejar cocer hasta que estén "al dente". Escurrir, reservando un poco del agua de la cocción.

2 Calentar un poco de aceite en una sartén al fuego, añadir los berberechos, las almejas y los mejillones, y cocinar hasta que se abran todos los moluscos. Retirar del fuego y eliminar las conchas de todos ellos. Colar el líquido que habrán soltado y reservar.

Dorar en una sartén al fuego con un poco de aceite los dientes de ajo, retirarlo con una espumadera.

3 Rehogar en el aceite las gambas previamente peladas y añadir a ello los moluscos.

A continuación, regar con el vino y dejar que se evapore, agregar el azafrán previamente disuelto en el líquido de los moluscos reservado anteriormente, los tomates pelados, sin semillas y troceados y dejar cocer durante unos minutos, removiendo constantemente.

Incorporar los macarrones y el perejil picado, cocinar durante unos minutos y servir.

Arroz a la Marinera

INGREDIENTES PARA 4 PERSONAS

400 g. de arroz
250 g. de tomates
250 g. de gambas
250 de almejas (pueden ser chirlas)
200 g. de guisantes desgranados
6 alcachofas
5 cucharadas de aceite
1 cebolla finamente picada
3 dientes de ajo picados
1 cucharadita de pimentón dulce
1 hoja de laurel
Sal

1 Calentar el aceite en una cazuela al fuego y dorar la cebolla. Añadir los ajos, los tomates, las gambas y las almejas, y dejar que se rehogue.

2 A continuación, incorporar el arroz, el pimentón y la hoja de laurel y rehogar todo junto durante unos minutos, regar con un litro de agua caliente y cocer durante unos 5 minutos.

3 Seguidamente, añadir los guisantes y las alcachofas previamente partidas por la mitad y cocinar unos 10 minutos más.

4 Retirar la preparación del fuego y dejar reposar unos minutos antes de servir bien caliente.

Ensalada Estival

INGREDIENTES PARA 6 PERSONAS

1 y 1/2 kg. de pimientos verdes y carnosos
1/2 kg. de tomates duros
6 huevos duros
2 limones
1 dl. de aceite refinado
1 diente de ajo

1 Se sumergen los tomates en agua hirviendo durante 5 segundos y, después de pelarlos y quitarles las semillas, se cortan en rodajas gruesas que se ponen montadas unas sobre otras en una ensaladera. Los pimientos, asados previamente, se pelan y cortan en tiras anchas y se ponen con los tomates.
Los huevos duros se cortan en rodajas con un cuchillo de acero inoxidable y se reparten encabalgados en las rodajas de tomate. Se pone la ensaladera en el frigorífico.

2 Después picamos el ajo y exprimimos el limón.

3 Con el aceite, el zumo del limón, sal y ajo machacado, se prepara en frío una salsa que, bien batida en el momento de ir a utilizarse, se vierte sobre la ensalada. Esta operación debe hacerse al servir la ensalada en la mesa.

CONSEJO

Este plato que resulta refrescante y colorista puede usarse también como guarnición para otros platos principales.

Ensalada de Gambas y Bacalao con Yogur

INGREDIENTES PARA 6 PERSONAS

250 g. de bacalao ya desalado
250 g. de gambas
1 lechuga grande
1 yogur natural
4 cucharadas de aceite de oliva
4 cucharadas de zumo de limón
Perejil y cebollinos finamente picados
Sal y pimienta

1 Poner el bacalao en un cazo al fuego con agua, y, cuando comience la ebullición, incorporar las gambas, dejar que den un hervor y retirar enseguida del fuego. Tapar el cazo y dejar reposar unos 15 ó 20 minutos.

Mientras tanto, verter el yogur en un cuenco, agregar el aceite de oliva, el zumo de limón, el perejil, el cebollino picados y mezclarlo todo bien removiendo enérgicamente.

2 Escurrir bien el bacalao y las gambas del agua. Dividir el primero en láminas y pelar después las gambas.

3 A continuación, separar las hojas de la lechuga, lavarlas bien bajo el chorro del agua fría, secarlas con un paño de cocina y cortarlas en juliana.

4 Colocar la lechuga en el plato o en una fuente. Poner encima las gambas y el bacalao y verter sobre ellos la salsa de yogur. Decorar con una rodaja de limón.

C O N S E J O

Cuando sazonemos la ensalada, hay que hacerlo ligeramente con la sal y la pimienta ya que debemos tener en cuenta la salazón del bacalao.

Gazpacho

INGREDIENTES PARA 4 PERSONAS

500 g. de tomates
250 g. de pimientos verdes
250 g. de pepinos
1/2 vaso de aceite
3 cucharadas de vinagre de vino blanco
2 rebanadas gruesas de pan, sin corteza
1 diente de ajo
1 cebolla
PARA ACOMPAÑAR:
1 pimiento, picado
2 rebanadas de pan sin corteza, tostado y cortado en daditos
1 tomate, cortado en daditos
1 pepino, cortado en daditos

1 Lavar los pimientos, y picarlos muy menudos. Pelar los pepinos y cortarlos en cuadraditos muy pequeños. Remojar la miga de pan con el vinagre y un poco de agua. Lavar los tomates y trocearlos

2 Poner todos los tomates, la cebolla, los pepinos, la miga de pan, el aceite y la sal, y pasarlo todo por la batidora o la turmix.

3 Pasar la masa resultante por un chino. Diluir con la cantidad de agua que se desee, dependiendo del gusto personal.

4 Servir bien frío acompañado del pimiento, el pepino y el pan en daditos, que se presentan en recipiente aparte.

Rollitos de repollo

INGREDIENTES PARA 6 PERSONAS

1 repollo
La miga de un panecillo
4 cucharadas de queso parmesano rallado
2 huevos
2 cucharadas de aceite
Salsa de tomate
1 copa de vino blanco
Sal y pimienta

1 Limpiar y lavar cuidadosamente las hojas de repollo, escaldarlas en agua hirviendo. Escurrirlas y extenderlas sobre un paño de cocina.
Remojar la miga de pan en un poco de leche, escurrirla y ponerla en un cuenco.

2 Añadir el queso parmesano rallado y los huevos y sazonar con sal y pimienta al gusto.

3 Rellenar las hojas de repollo con la mezcla preparada, formar los rollitos y atarlos con un poco de hilo blanco.
Poner el aceite en una cazuela y dorar ligeramente los rollitos. Regar con el vino y cocer a fuego moderado, durante 45 minutos.

4 Regar con la salsa de tomate bien caliente y servir enseguida.

Ñoquis con Salsa Gorgonzola

INGREDIENTES PARA 4 PERSONAS

500 g. de patatas
1 huevo
100 g. de harina
50 g. de mantequilla
1 ramillete de perejil
Nuez moscada
Sal

PARA LA SALSA GORGONZOLA:
200 g. de queso Gorgonzola
2 cucharadas de queso Parmesano
1 vaso de nata líquida
1 cucharada de nueces (opcional)

1 Lavar las patatas bajo el chorro del agua fría y cocerlas en abundante agua salada. Escurrirlas y dejar que se templen.
A continuación, pelar las patatas trocearlas, y aplastarlas con la ayuda de un tenedor, hasta convertirlas en puré, agregar el huevo y la harina y mezclar bien. Comprobar que la masa se desprende con facilidad de las manos y si no fuera así incorporar más harina.

2 Formar con ella unos rollos de unos 2 centímetros de grosor y cortarlos en porciones de 3 centímetros de largo aproxima-

damente. Rallarlos para darles el aspecto característico de los ñoquis y cocerlos en abundante agua salada durante unos 3 minutos. Escurrir bien y mezclar con la mantequilla.

3 Desmenuzar el queso Gorgonzola hasta convertirlo en migas, poner en un cazo, añadir el parmesano y la nata y cocinar, a fuego lento y sin dejar de remover, hasta obtener una salsa bien ligada.

4 Por último, bañar los ñoquis con la salsa de queso y servir enseguida cubiertos con nueces.

Patatas a la Siciliana

INGREDIENTES PARA 4 PERSONAS

1 kg. de patatas
1/2 kg. de tomates
2 zanahorias
4 cebollas
1 rama de apio
Aceite de oliva
Alcaparras
Orégano
Perejil
Sal y pimienta

1 Escaldar los tomates, quitarles la piel y las semillas y cortarlos en dados pequeños. Picar finamente la mitad de las cebollas, las zanahorias y el apio y freír en aceite hasta que empiecen a tomar color.
Añadir el tomate y cocerlo, a fuego suave, durante 15 minutos aproximadamente. Sazonar con sal y pimienta y reservar.

2 Pelar y cortar las patatas en discos de 1/2 centímetro de espesor. Cortar el resto de las cebollas en aros finos.

3 En una fuente resistente al calor, colocar capas alternas de salsa de tomate, patatas y aros de cebolla. Salpimentar, agregar unas cuantas alcaparras y espolvorear con orégano y perejil.
Cocer tapado, en el horno, hasta que las patatas estén tiernas durante unos 15 minutos.

Pimientos Rellenos de Rape y Gambas

INGREDIENTES PARA 4 PERSONAS

8 pimientos del piquillo
400 g. de gambas
400 g. de rape
1 cucharada de mantequilla
1/2 litro de leche
2 huevos
500 g. de tomates pelados, picados sin semillas
2 zanahorias, raspadas y picadas
1 cebolla, finamente picada
1 puerro (sólo la parte blanca), finamente picado
1 copa de vino de jerez
2 cucharadas de harina
Una pizca de nuez moscada recién rallada
Aceite
Harina para enharinar los pimientos rellenos
Sal y pimienta

1 Retirar las cabezas de las gambas y reservar. Cocer las colas en un cazo al fuego con dos vasos de agua y sal, escurrir reservando el caldo, pelar las gambas y picarlas muy menudas.

Calentar la leche con un poco de sal, en una cacerola al fuego y cocer el rape cortado en trozos pequeños. Escurrir el rape, reservando la leche, y picarlo.

Calentar la mantequilla en una sartén antiadherente al fuego, añadir las dos cucharadas de harina removiendo constantemente con una cuchara de madera, verter, poco a poco, la leche de cocer el rape, y sazonar con la nuez moscada. Cocinar, sin dejar de remover para evitar que se formen grumos, hasta obtener una salsa bechamel espesa.

2 Picar finamente el rape y las gambas.

3 Retirar la bechamel del fuego y añadir las gambas y el rape. Dejar enfriar.

4 Cuando la bechamel esté fría rellenar los pimientos.

Calentar dos cucharadas de aceite en una cacerola al fuego, añadir la cebolla, las zanahorias, y el puerro y rehogar durante unos minutos, incorporar las cabezas de las gambas reservadas y cocinar, machacando las cabezas con una cuchara para que suelten el jugo, durante unos minutos.

Seguidamente, agregar los tomates, el jerez y el caldo de las gambas reservado anteriormente y continuar cocinando durante unos 30 minutos, a fuego moderado. Retirar del fuego, pasar por el chino y reservar la salsa obtenida.

5 Poner los pimientos en una cazuela de barro, saltearlos un poco y cubrirlos con la salsa. Cocinar, a fuego suave, durante unos 20 minutos. Servirlos calientes cubiertos ligeramente con la salsa y adornar.

CONSEJO

Se aconseja que la bechamel esté fría para poder manejarla mejor al rellenar los pimientos y que éstos queden más compactos.

Pipirrana

INGREDIENTES PARA 4 PERSONAS

2 tomates
2 pimientos asados
1 escarola
1 pepino
150 g. de aceitunas negras
3 dientes de ajo
200 g. de bacalao
Aceite
Vinagre Sal
1 huevo duro

1 Lavar cuidadosamente la escarola, eliminar las hojas verdes y picar.
Pelar el pepino y cortarlo en rodajas. Machacar los ajos en el mortero. Pelar los huevos.

2 Escaldar los tomates, en agua hirviendo, pelarlos y picarlos.
Desmenuzar el bacalao eliminando las espinas y la piel, lavar varias veces bajo el chorro del agua fría y escurrir.

3 Picar los pimientos; pelar el huevo duro y picarlo.
Poner en una ensaladera todos los ingredientes preparados y salar teniendo en cuenta la sal del bacalao, condimentar con aceite y vinagre al gusto.

4 Añadir las aceitunas, deshuesadas y cortadas en rodajas, y servir.

Estofado Vegetal

INGREDIENTES PARA 4 PERSONAS

1 pimiento
1 berenjena
2 calabacines
2 patatas
2 zanahorias
250 g. de judías verdes
1 cebolla, finamente picada
1 tomate
3 cucharadas de aceite
150 g. de bacon, picado
Vinagre
Sal y pimienta

1 Limpiar todas las verduras, lavarlas bien y cortarlas en cuadraditos.

2 Calentar el aceite en una sartén al fuego, añadir el bacon y la cebolla picada y rehogar ligeramente. Incorporar todas las verduras, condimentar con sal y pimienta y sofreír, a fuego vivo, unos minutos.

3 A continuación, poner en una cazuela y regar con un chorrito de vinagre, tapar el recipiente y dejar cocer, a fuego lento, durante aproximadamente 40 minutos, o hasta que las verduras estén en su punto.

4 Servir más bien caliente y en un recipiente hondo.

Tartaleta de Cebolla y Anchoas

INGREDIENTES PARA 4 PERSONAS

2 kg. de cebollas
1 lata de filetes de anchoas en aceite de oliva
1 lámina de hojaldre congelada, descongelada
10 aceitunas negras
Aceite
Sal y pimienta, recién molida

1 Pelar las cebollas y picarlas finamente. Calentar dos cucharadas de aceite en una sartén al fuego y rehogar las cebollas hasta que estén transparentes, retirar con una espumadera.
Picar la mitad de las anchoas y mezclarlas con la cebolla rehogada.

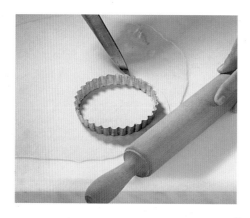

2 A continuación, extender la lámina de hojaldre con ayuda de un rodillo.

3 Forrar una tartaleta y pincharla varias veces con un tenedor. Verter sobre la masa el relleno preparado e introducir en el horno, previamente calentado a 200°C, hasta que esté bien dorada.
Unos minutos antes de finalizar la cocción, adornar la tarta con las aceitunas y las anchoas restantes, introducir de nuevo en el horno y finalizar la cocción.

Quiche de Jamón y Puerros

INGREDIENTES PARA 4 PERSONAS

150 g. de jamón cocido
350 g. de puerros
5 huevos
150 mls. de nata líquida
150 mls. de leche
85 g. de mantequilla
200 g. de harina
50 g. de queso Gruyere, rallado
Sal y pimienta negra, recién molida

1 Verter la harina en forma de volcán sobre una superficie lisa, poner en el centro la mantequilla en trocitos una pizca de sal y tres cucharadas de agua fría y trabajar hasta obtener una masa suave y homogénea, formar con ella una bola y dejar reposar unos 30 minutos.

2 Limpiar y trocear los puerros. Cortar en tiritas el jamón. Calentar el aceite en una sartén al fuego y rehogarlos hasta que estén blandos, añadir el jamón y saltearlo.

3 En un cuenco, batir los huevos junto con la nata, la leche, la sal y la pimienta al gusto; añadir los puerros y el jamón y mezclar bien. Transcurrido el tiempo de reposo de la masa, extenderla con ayuda de un rodillo hasta obtener una lámina fina y forrar con ella un molde para tartaleta, pinchar el fondo varias veces con un tenedor e introducir en el horno previamente calentado a 190°C, durante unos 10 minutos. Retirar del horno, verter el relleno de jamón y puerros, espolvorear con el queso rallado e introducir de nuevo en el horno, durante unos 25 o 30 minutos.

Flanes de Berenjenas con Salsa de Tomate y Champiñón

INGREDIENTES PARA 4 PERSONAS

1 kg. de berenjenas
1 kg. de cebollas
3 huevos
1 bote de nata líquida
2 cucharadas de mantequilla
Aceite
Sal y pimienta recién molida

PARA LA SALSA

2 cebollas finamente picadas
500 g. de champiñones
500 g. de tomate al natural triturado de lata
Aceite
Sal y pimienta recién molida

1 Poner las berenjenas en la placa del horno y asarlas.
A continuación, calentar un poco de aceite en una sartén al fuego, añadir las cebollas finamente picadas y rehogar hasta que estén transparentes, incorporar las berenjenas previamente peladas y picadas y cocer durante unos minutos.

2 Verter la nata en el vaso de una batidora eléctrica, agregar los huevos, y batir.
A continuación sazonar con sal y pimienta e incorporar las cebollas rehogadas con las berenjenas.

3 Continuar batiendo hasta obtener una mezcla homogénea y distribuir ésta en la flanera previamente engrasada con la mantequilla.
Colocar las flaneras dentro de una cazuela con agua, teniendo cuidado de que ésta no cubra las flaneras; introducir en el horno, a temperatura media, y cocinar al baño María, durante aproximadamente 20 minutos o hasta que los flanes estén cuajados.
Mientras tanto, preparar la salsa, limpiar los champiñones y cortarlos en láminas finas. Calentar un poco de aceite en una sartén al fuego y cocinar las cebollas hasta que estén transparentes. Incorporar los champiñones y rehogarlos durante unos minutos, agregar el tomate triturado y cocinar durante unos 15 ó 20 minutos.

4 Retirar del fuego y pasar todo por el pasapurés hasta conseguir una salsa cremosa.

5 Por último, disponer los flanes de berenjena en una fuente y servirlos acompañados de la salsa de tomate y champiñón, presentada en salsera aparte.

CONSEJO

Al preparar las flaneras dentro de la cazuela, conviene tener en cuenta no cubrir de agua hasta el límite para que no rebose.

Para comprobar que el flan está hecho, pinchar y comprobar que sale completamente seco.

Sopa del Huerto

INGREDIENTES PARA 4 PERSONAS

200 g. de guisantes frescos desgranados
200 g. de zanahorias
1 nabo
2 puerros
1 cebolla
5 cucharadas de aceite
Perejil picado
Sal y pimienta
PARA ACOMPAÑAR:
Daditos de pan fritos

1 Picar la cebolla. Limpiar los puerros, dejando sólo la parte blanca y eliminando las hojas verdes y cortarlos en rodajas finas. Raspar la zanahoria, pelar el nabo y cortar ambos ingredientes en juliana fina.

2 Calentar en aceite en una cacerola al fuego, agregar la cebolla, los puerros y los guisantes y rehogar durante unos minutos. Cubrir con agua, salar al gusto y continuar cocinando hasta que todo esté en su punto.

3 A continuación, pasar por un pasapurés, verter de nuevo en la cacerola y añadir más agua si fuera necesario, teniendo en cuenta que debe tener una consistencia bastante líquida. Poner al fuego y, cuando rompa el hervor, agregar las zanahorias y los nabos y cocer hasta que todo esté en su punto.

4 Antes de servir, añadir los daditos de pan y espolvorear con el perejil picado.

Sopa de Pan a la Ibicenca

INGREDIENTES PARA 4 PERSONAS

250 g. de pan candeal
1 cebolla finamente picada
2 tomates, pelado y picados
4 cucharadas de aceite
2 huevos
1 diente de ajo
1 y 1/2 litro de caldo (puede ser de pastilla)
Sal

1 Cortar el pan en rebanadas finas y tostarlas. Calentar el aceite en una cazuela de barro al fuego, agregar el diente de ajo pelado y picado, los tomates y la cebolla y rehogar hasta que esta última esté bien dorada. Incorporar el caldo y dejar cocer.

2 Seguidamente, pasar el caldo por un colador fino y verterlo de nuevo en la cazuela de barro, rectificar la sazón si fuera necesario, añadir las rebanadas de pan y dejar reposar durante unos minutos, de manera que el pan absorba el caldo.

3 Mientras tanto, batir los huevos en un cuenco y verterlos sobre el pan.
Por último, introducir la sopa en el horno y dejar gratinar. Servir muy caliente.

CONSEJO

Al preparar esta sopa puede añadir otras verduras a su gusto.

Arroz Gratinado a la Griega

INGREDIENTES PARA 4 PERSONAS

250 g. de arroz
250 g. de carne de ternera, picada
2 cucharadas de aceite
2 cucharadas de mantequilla
1 cebolla mediana, finamente picada
4 tomates
2 huevos
1 cucharada de limón
Queso rallado
Nuez moscada recién molida
Sal y pimienta molida

1 Verter abundante agua en una cacerola al fuego. Cuando comience la ebullición, salar e incorporar el arroz, dejar cocer unos 15 minutos, y escurrir.

Calentar dos cucharadas de aceite en una cazuela al fuego, y rehogar en ella la cebolla finamente picada. Añadir la carne picada y cocinar, removiendo frecuentemente con una cuchara de madera, durante unos 10 minutos.

Mientras tanto, lavar los tomates, pelarlos, escaldándolos unos minutos en agua hirviendo, y cortarlos en rodajas.

2 Engrasar una fuente refractaria con mantequilla, poner una capa con rodajas de tomate, sobre ésta la mitad del arroz, distribuir por encima unos pegotitos de mantequilla y más rodajas de tomate, cubrir con la carne picada, las rodajas restantes y terminar con más arroz.

3 Batir los huevos con el zumo de limón, nuez moscada, sal y pimienta, y verter sobre el arroz. Distribuir por la superficie la mantequilla restante en pegotitos e introducir en el horno precalentado a 180°C, durante unos 30 minutos hasta que esté dorado.

Ensalada de Judías, Bacalao y Aceitunas

INGREDIENTES PARA 6 PERSONAS

500 g. de judías blancas
200 g. de bacalao, ya desalado
1 cebolla
1 diente de ajo
2 tomates
2 cebolletas
100 g. de aceitunas verdes sin hueso
100 g. de aceitunas negras
1 taza de mayonesa (puede ser de bote)
2 cucharadas de ketchup
1 cucharadita de mostaza de Dijon
1 hoja de laurel
3 clavos de olor
5 granos de pimienta negra
Sal

1 Poner las judías en un recipiente, cubrirlas con agua y dejarlas en remojo durante unas 12 horas. Transcurrido el tiempo de remojo de las judías, escurrirlas, pasarlas a una cacerola, y cubrirlas de nuevo con agua. Añadir la cebolla con los tres clavos pinchados, la hoja de laurel, los granos de pimienta y el ajo y cocer, a fuego moderado, durante unas 2 horas.

Mientras tanto, desmigar el bacalao, eliminando todas las pieles y espinas que pudiera tener.

Cuando las judías estén cocidas, escurrir y dejar enfriar.

2 Mezclar en un cuenco la mayonesa, el ketchup la mostaza y las cebolletas finamente picadas.

3 Picar las aceitunas, cortar en trocitos los tomates, poner estos ingredientes en una ensaladera, agregar las judías ya frías, y el bacalao y aderezar la ensalada con la mezcla de mayonesa, remover con cuidado para mezclar bien y servir.

Garbanzos con Butifarra a la Catalana

INGREDIENTES PARA 4 PERSONAS

350 g. de garbanzos
150 g. de butifarra
2 cebollas
4 cucharadas de aceite
3 tomates
2 huevos duros
1 hoja de laurel
Perejil picado
Sal y pimienta

1 Poner los garbanzos en un recipiente, cubrirlos con agua y dejarlos en remojo durante 12 horas.

Transcurrido el tiempo de remojo, escurrir los garbanzos, calentar abundante agua con sal en una cacerola al fuego, añadir la hoja de laurel y una de las cebollas pelada. Cuando el agua rompa a hervir, incorporar los garbanzos y cocerlos hasta que estén tiernos. Escurrirlos reservando un poco de su caldo de cocción.

4 Después, agregar la butifarra cortada en rodajas, los garbanzos y el caldo de cocción reservado, dejar que dé un hervor.

3 Calentar el aceite en una sartén grande al fuego, añadir la cebolla restante finamente picada y dejar que se rehogue, hasta que esté transparente. Incorporar los tomates, pelados, picados y continuar cocinando durante unos minutos.

5 Servir enseguida, espolvoreados con el perejil finamente picado y adornados con los huevos duros pelados y cortados en gajos.

2 Pelar los tomates, quitarles las semillas y picarlos en trozos pequeños.

CONSEJO

Para que los garbanzos queden más suaves, se aconseja ponerlos en agua caliente y sal la noche anterior.

Cordero al Vino Tinto

INGREDIENTES PARA 4 PERSONAS

1 kg. de cordero
100 g. de tocino
200 g. de cebolletas
200 g. de champiñones
2 vasos de vino tinto
1 cucharada de harina
50 g. de manteca de cerdo
Sal
Pimienta
Pimentón
Laurel
Tomillo

1 Se caliente la manteca de cerdo, se corta el tocino en daditos y se rehoga; una vez rehogado, se retira y en su grasa se rehogan las cebolletas.

2 Doradas éstas se agregan al cordero, que se habrá cortado en trozos. Cuando la carne haya tomado color se incorpora la harina, diluida en el vino tinto, añadiendo también las especias. Se tapa la cazuela y se deja cocer a fuego suave durante unos tres cuartos de hora.

3 Se limpian los champiñones, se cortan en láminas finas y se añaden a la cazuela unos momentos antes de dar por finalizada la cocción.

4 Para conservar el calor y la forma tradicional conviene servirla en una cazuela de barro.

Pollo al Vino Blanco

INGREDIENTES PARA 6 PERSONAS

2 pollos despojados y limpios de 1 kg. cada uno
6 dientes de ajo
2 ó 3 cucharadas de perejil picado
2 dl. de aceite de oliva fino
1/4 de l. de vino blanco
Pimienta negra recién molida
1 limón cortado en rodajas
Opcional: laurel y guindilla

1 Se cortan los pollos en 24 trozos, sacando tres trozos de cada muslo y tres de cada pechuga; se sazonan con sal y pimienta.
En una sartén honda de dos asas (30 cm. de diámetro aproximadamente), se calienta el aceite y se pone el pollo. Se dejan dorar los trozos de pollo por espacio de 15 minutos, a fuego suave dándoles vueltas constantemente.

2 Se añade el ajo picado y se deja dorar también.

3 Se agrega el perejil picado, se añade el vino y se revuelve todo, manteniendo la sartén a fuego vivo. Se cuecen durante 5 minutos más hasta que el vino se evapore casi totalmente, pero con cuidado de que el ajo no se ennegrezca.

4 Este excelente y alimenticio plato se sirve acompañado de rodajas de limón para adorno o aderezo.

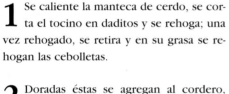

Morcillo de Ternera Asado

INGREDIENTES PARA 4 PERSONAS

2 kg. de morcillo de ternera
2 dientes de ajo
2 ramitas de romero
4 hojas de salvia
3 cucharadas de aceite de oliva
30 g. de mantequilla
1 vaso de vino blanco seco
Sal y pimienta

1 Haga unas incisiones en la carne, con la punta de un cuchillo muy afilado.
Corte en láminas finas los dientes de ajo, páselas por sal y pimienta e introdúzcalas en el morcillo.

2 Colóquelo en la placa del horno con la mantequilla, el aceite, el romero y la salvia e introdúzcalo en el horno bien caliente.

3 Riéguelo de vez en cuando con el vino blanco.
Deje cocer alrededor de 45 minutos. Si la carne empezase a tomar demasiado color, báñela poco a poco con agua o caldo de pastilla caliente y cubra la bandeja con una hoja de papel de aluminio.

4 Una vez terminado de preparar sirva el morcillo entero y trínchelo en la mesa acompañado de finas rodajas de zanahoria.

Caldereta de Cordero

INGREDIENTES PARA 4 PERSONAS

1 kg. de cordero lechal, cortado en trozos
100 g. de chorizo, cortado en rodajas gruesas
100 g. de tocino, picado
500 g. de tomates pelados y picados
1 cebolla
1 vaso de vino blanco
3 cucharadas de aceite de oliva
2 dientes de ajo
Unas hebras de azafrán
Una ramita de hierbaluisa,
una ramita de tomillo
y una ramita de albahaca atadas juntas
Sal y pimienta

1 Calentar el aceite en una cazuela de barro al fuego, añadir la cebolla y los ajos, ambos picados finamente, y dejar que se rehoguen.
A continuación, incorporar los tomates, el azafrán, el chorizo y el tocino y cocinar durante unos minutos, removiendo con una cuchara de madera.

2 Seguidamente, agregar los trozos de cordero previamente sazonados con sal y pimienta.

3 Regar con el vino blanco y terminar de cubrir todo con agua. Añadir el ramillete de hierbas y dejar cocer, hasta que el cordero esté en su punto, añadiendo más agua si el caldo tendiese a espesarse demasiado.

4 Servir bien caliente cubierto con la propia salsa del guiso y adornado con una ramita de alguna de las hierbas.

Fritos Variados con Salsa de Yogur a la Menta

INGREDIENTES PARA 4 PERSONAS

400 g. de filetes de merluza
4 cucharadas de vino de jerez
5 cucharadas de salsa de soja
200 g. de champiñones
El zumo de 1 limón
Perejil finamente picado
2 pimientos
2 claras de huevo, batidas
2 cucharadas de maizena
Abundante aceite de oliva para freír

PARA LA SALSA DE YOGUR A LA MENTA
2 yogures naturales
1/2 cebolla rallada
1 diente de ajo
Unas hojitas de menta, picadas
Una pizca de pimienta de cayena
Sal

1 Cortar los filetes de merluza en dados, ponerlos en un recipiente de cristal, regar con el vino de jerez y cuatro cucharadas de salsa de soja; dejar macerar.
Lavar los champiñones, sazonar con sal y pimienta, ponerlos en un cuenco, regar con el zumo de limón, espolvorear con perejil finamente picado y dejar macerar.
Lavar los pimientos, eliminar las simientes y cortarlos en tiras. Regar las tiras con la salsa de soja restante y dejar macerar también.

4 Freírlos en abundante aceite bien caliente, hasta que estén bien dorados.

5 Retirarlos con una espumadera y colocarlos sobre papel absorbente de cocina para eliminar el exceso de grasa.

3 Transcurrido el tiempo de maceración, unas 2 horas, rebozar el pescado, los champiñones y los pimientos, primero en la maizena, a continuación en las claras de huevo.

6 Por último, poner los fritos en una fuente y servirlos muy calientes acompañados de la salsa de yogur.

2 Mientras tanto, mezclar los yogures junto con la cebolla, el ajo previamente machacado, la menta, la cayena y sal, removiendo bien hasta obtener una salsa homogénea.

CONSEJO

En lugar de vino de Jerez puede utilizarse cualquier otro vino,
siempre y cuando sea un vino seco.

Mejillones en Sanfaina

2 kg. de mejillones
500 g. de tomates
1 pimiento rojo
1 pimiento verde
1 diente de ajo picado
1 cebolla finamente picada
1 calabacín
1 berenjena
1 vaso de vino blanco
6 cucharadas de aceite
Sal y pimienta recién molida

1 Limpiar cuidadosamente los mejillones, raspándolos bajo el chorro del agua fría. Escaldar los tomates en agua hirviendo durante 1 minuto, pelarlos y cortarlos en trocitos. A continuación, lavar el calabacín, la berenjena y los pimientos, eliminar de estos últimos las semillas y picar estos tres ingredientes. Calentar el aceite en una sartén al fuego y rehogar el ajo y la cebolla, incorporar los pimientos, el calabacín y la berenjena y continuar rehogando durante unos minutos, sazonar con sal y pimienta al gusto, y cocinar unos minutos más.

2 Mientras tanto, abrir los mejillones en un recipiente al fuego con el vino, retirar del fuego cuando se hayan abierto y eliminar la concha vacía.

3 Por último, incorporar los mejillones y el tomate junto con su fondo de cocción a la cazuela con la sanfaina, cocer un par de minutos y servir enseguida.

Bonito con Verduras

1 kg. de bonito
2 patatas
1 berenjena
1 cebolla
2 tomates
3 huevos
Zumo de limón
50 g. de aceitunas verdes
Harina
Aceite
Sal y pimienta

1 Se corta el bonito en rodajas, se salpimenta, se pasa por harina y huevo y se fríe.

2 Las patatas se pelan, se cortan en ruedas y se fríen. Las berenjenas se cortan en ruedas y después de ponerlas un rato en agua con sal, para que pierdan el amargor, se pasan por harina y se fríen. La cebolla se corta en tiras (juliana) y se estofa con un poco de aceite. El tomate se escalda, se pela, se le quitan las semillas y se tritura.

3 En una fuente de barro se colocan, a capas, todos los ingredientes. Se rocía con el tomate y se mete en el horno para que cueza 10 minutos. Una vez terminada la cocción se saca del horno y se rocía con el zumo de limón y las aceitunas verdes picadas. Se sirve en la misma cazuela.

Atún con Tomate a la Mediterránea

INGREDIENTES PARA 4 PERSONAS

750 g. de atún
500 g. de tomates
6 cucharadas de harina
Aceite de oliva
3 dientes de ajo
Un chorrito de vinagre
Sal

1 Cortar el atún en trozos, sazonar con un poco de sal y aderezar con el vinagre. Calentar el aceite en una sartén al fuego y freír los trozos de atún, previamente enharinados. Cuando el atún esté bien dorado, retirarlo de la sartén con una espumadera y reservar.

2 Asar los ajos y los tomates, pelar ambos ingredientes y majarlos en el mortero. Diluir con dos cacillos de agua caliente, remover para mezclar bien y verter sobre el atún.

3 Por último, cocer el atún con la salsa de tomate, a fuego suave, durante unos 10 ó 15 minutos y servir enseguida.

C O N S E J O

Para comprobar el punto de asado de los tomates se ha de ver que no queda ninguna parte dura y tersa.

Mejillones con Salsa al Curry

INGREDIENTES PARA 4 PERSONAS

1 1/2 kg. de mejillones
1 cebolla
3 cucharadas de aceite
1 cucharada de curry
1 cucharada de harina
250 ml. de caldo de pescado
1 vaso de nata líquida
Sal y pimienta

1 Raspe y lave bien los mejillones y colóquelos en una sartén sobre el fuego vivo hasta que se abran. Retírelos de las conchas y resérvelos.
Filtre el líquido que han soltado los mejillones en la sartén y mézclelo con el caldo.

2 Dore a fuego lento en una cacerola con el aceite la cebolla finamente picada, incorpore el curry y la harina, removiendo constantemente, agregue el caldo previamente mezclado con el líquido de los mejillones.

3 Sin dejar de remover incorpore la nata, y continúe la cocción a fuego lento hasta que la salsa tenga la consistencia de una crema. Rectifique la sazón si fuera necesario.

4 Introduzca los mejillones en la salsa, remueva bien y sirva.

Codornices con Coles

INGREDIENTES PARA 4 PERSONAS

4 codornices
300 g. de tocino
150 g. de zanahorias
150 g. de cebolla
1 vaso de vino blanco
1 col
100 g. de tocino en dados
150 de butifarra
150 g. de jamón
1/2 l. de caldo
Pimienta
Nuez moscada
Clavo
Orégano
Tomillo
Estragón
Sal

1 Se limpian las codornices y se embridan, mechando las pechugas con unas tiras de tocino muy delgadas, que antes se habrán tenido en salmuera, con pimienta y unas ralladuras de nuez moscada.

4 Aparte se blanquean las coles, escaldándolas dos o tres minutos en agua hirviendo ya salada. Se escurren bien y se airean, procurando que no conserven ni una gota de agua.

2 Se colocan las codornices en una cacerola no muy alta, colocando cada una entre dos lonchas finas de tocino.

3 A continuación se incorporan las zanahorias y las cebollas, en las que se habrán pinchado los clavos, también la sal, pimienta, las hierbas, el vino y unos cacillos de caldo.

5 Una vez preparadas las coles se ponen encima de las codornices en la cacerola, con el tocino, la butifarra y el jamón. Se moja todo con el caldo necesario y se pone a cocer a fuego lento durante un par de horas con la cazuela tapada. Pasado este tiempo se saca todo el contenido.

6 Se sirven las codornices en el plato acompañadas de las zanahorias, la butifarra y el tocino. Se adorna con una hoja de col.

CONSEJO

El ingrediente principal puede sustituirse por cualquier otro ave de caza menor:
perdices, pichones u otro.

Fritura de Pescado

INGREDIENTES PARA 6 PERSONAS

6 filetes de gallo
6 filetes de merluza
1/2 kg. de calamares
1/2 kg. de boquerones
200 g. de harina
3 cucharadas de pan rallado
1 limón
2 cucharadas de pimentón
1/4 litro de aceite
1/4 litro de vino blanco
Sal
Pimienta blanca
Perejil

1 Hacer un adobo con el aceite, el pimentón, la sal y la pimienta y meter en él la merluza troceada. Dejarla al menos 1 hora.

2 Hacer una marinada con el vino, el zumo de medio limón, sal y perejil, y meter en ella los filetes de gallo, igualmente troceados.

3 Limpiar los calamares, hacer anillos, espolvorear de sal y rociarlos con zumo de limón. Reservar. Limpiar los boquerones, quitarles la cabeza y espina central, lavarlos y dejarlos escurrir. Salarlos. Preparar dos sartenes hondas con abundante aceite para la fritura. En una de ellas empezar a freír los calamares, pasándolos por harina a la que habremos añadido la misma cantidad de pan rallado. Freír y reservar. Seguidamente, freír en la misma sartén los boquerones pasándolos solo por harina. Deben quedar crujientes. Reservar.

En otra sartén, y al mismo tiempo, empezar a freír los filetes de gallo, que habremos sacado de la marinada y bien escurridos se pasan por harina. Deben quedar dorados. En esta sartén freír la merluza sacándola del adobo y pasándola por pan rallado.

4 Se presentan las cuatro clases de pescado calientes y con limón.

Calamares con Salsa de Tomate

INGREDIENTES PARA 4 PERSONAS

2 calamares grandes
400 g. de tomates, pelados sin semillas y picados
1 cebolla
1 copa de vino blanco
3 cucharadas de aceite
Una cucharadita de albahaca picada
Sal y pimienta recién molida

1 Limpiar los calamares, vaciando su interior y eliminando la fina piel que los recubre y la jibia, trocear los tentáculos y cortar el cuerpo en aros.

Calentar el aceite en una sartén al fuego, añadir la cebolla y dejar que se rehogue hasta que empiece a tomar color.

2 A continuación, incorporar los calamares, cocinar, removiendo, durante unos 5 minutos.

3 Regar con el vino. Dejar que éste se evapore ligeramente y añadir los tomates. Sazonar con sal y pimienta al gusto, tapar el recipiente y cocinar, hasta que los calamares estén en su punto.

Por último, espolvorear con la albahaca y servir caliente en el plato.

Gallos con Bechamel

INGREDIENTES PARA 6 PERSONAS

12 filetes de gallo
1 kg. de espinacas
100 g. de mantequilla
40 g. de harina
1/4 litro de leche
1 dl. de nata líquida
1/4 litro de caldo de pescado
1 cucharada de queso rallado

1 Se cuecen las espinacas. Se escurren perfectamente y se pican muy finas, poniéndolas en una tabla. A continuación se saltean con la mitad de la mantequilla.

2 Con el resto de la mantequilla, la harina, la leche caliente y un poco de caldo de los gallos, que se habrá hecho con las espinas, se hace una salsa bechamel.
Una vez cocida, se prueba y salpimenta; añadir después la nata líquida.

3 En una fuente de horno se colocan las espinacas salteadas, cubriendo el fondo; encima los filetes de gallo limpios y salpimentados, doblados por la mitad, por la parte de la piel y hacia dentro.

4 Después se cubren con la bechamel y el queso rayado. Meter en el horno unos veinte minutos y servir caliente.

Pez Espada Encebollado

INGREDIENTES PARA 6 PERSONAS

6 filetes de pez espada
2 cebollas, peladas y cortadas
4 tomates grandes bien maduros
100 g. de aceitunas verdes, sin hueso
2 cucharadas de piñones
1 vaso de vino blanco
Perejil picado
Aceite de oliva
Sal y pimienta

1 Majar los piñones en un mortero y cortar en rodajitas las aceitunas.

2 Cortar la cebolla en aros finos.
Calentar el aceite en una sartén al fuego, añadir la cebolla, dejar que se rehogue ligeramente, incorporar los filetes de pez espada, ligeramente sazonados y dorarlos.

3 A continuación agregar los piñones majados, los tomates y las aceitunas y regar con el vino.
Por último, sazonar con sal y pimienta al gusto, y cocinar a fuego moderado durante unos minutos.

4 Servir enseguida espolvoreado con el perejil picado, aceitunas en aros y piñones.

Paella Valenciana

INGREDIENTES PARA 4 PERSONAS

400 g. de arroz
1 pollo pequeño, troceado
150 de magro de cerdo, cortado en daditos
12 mejillones
4 langostinos
1 calamar limpio y cortado en aros
2 alcachofas cocidas y cortadas en cuartos
50 g. de guisantes cocidos
1 pimiento
2 tomates
2 dientes de ajo picados
1/2 vaso de aceite de oliva
Unas hebras de azafrán
Una cucharadita de pimentón
Perejil finamente picado
Sal

1 Abrir los mejillones en un cazo al fuego, y retirar la concha vacía.
Escaldar los tomates en agua hirviendo, pelarlos y picarlos
Calentar el aceite en una paellera al fuego, y dorar el pollo y el magro de cerdo. Cuando esté bien rehogado, retirar con una espumadera y reservar en un plato.

4 Agregar el pimentón, dar unas vueltas y añadir el arroz, los langostinos, los mejillones, los guisantes y el perejil picado y rehogar todo junto unos minutos.

3 Rehogar en el aceite que ha quedado en la sartén, el pimiento, los ajos, los tomates, las judías, las alcachofas y los aros de calamar.

2 Lavar el pimiento, quitarle las semillas y picarle, así como los tomates. Pelar los ajos.

5 Seguidamente, añadir el pollo junto con el magro, regar con agua caliente (doble volumen que de arroz) en la que previamente se habrá disuelto el azafrán, y cocer primero a fuego vivo, bajar el fuego y continuar cocinando hasta que el arroz esté en su punto. Dejar reposar unos minutos antes de servir.

CONSEJO

Conviene incorporar los mejillones y los guisantes, a media cocción del arroz.

Este conviene taparlo con un paño a la hora del reposo.

Lenguados con Champiñones

INGREDIENTES PARA 6 PERSONAS

6 lenguados de ración
1 kg. de mejillones
1/2 kg. de champiñones
1 dl. de vino blanco
3 yemas de huevo
caldo de pescado
1 chalota
200 g. de mantequilla
1/4 litro de salsa Bechamel
1 cucharada de harina

1 Cocer los mejillones con el vino blanco, la chalota, sal y un poco de agua. Colar el caldo y reservar los mejillones
Engrasar la placa de horno con mantequilla, poner encima los mejillones, salar y regar con el caldo de los mejillones, añadir a esto unos champiñones picados e introducir en el horno a 180ºC, durante 8 minutos.
Calentar el caldo de pescado y escaldar en él las yemas de huevo, retirar y reservar.
Retirar los champiñones del horno y pasarlos por la batidora eléctrica. Mezclar este

batido con las yemas escalfadas, la mitad de la mantequilla y la bechamel.

2 Calentar un litro de agua en una cacerola, añadir la harina y mezclar bien.

3 Incorporar los champiñones restantes, dejar cocer, y a continuación saltearlos en una sartén con la mantequilla restante y unas hojas de perejil. Introducir en ella los lenguados y, cuando estén en su punto, colocarlos en una fuente de servir, bañarlos con la salsa preparada y servirlos acompañados de los champiñones salteados y los mejillones.

Escalopines a la Crema

INGREDIENTES PARA 6 PERSONAS

12 filetes (3/4 de kg.) de ternera pequeños,
aplastados
1/4 de l. de nata líquida
1 cucharada de blanco de puerro o chalota
picado muy fino
1 kg. de espinacas
150 g. de mantequilla
1 copa de oporto
250 g. de champiñón

1 Se cuecen las espinacas sin raíces ni tallos durante ocho minutos en abundante agua hirviendo con mucha sal; se pasan por agua fría; se escurren bien para que suelten bien el agua; se rehogan con 50 gramos de mantequilla y se colocan en el centro de una fuente alargada.
Con los 100 gramos de mantequilla restantes se frien los filetes a fuego suave, después de sazonarlos con sal y pimienta y pasarlos por harina. Se colocan los escalopines sobre las espinacas extendidas.

2 En la mantequilla sobrante y en la misma sartén, se ponen el puerro y los champiñones limpios, fileteados y bien lavados en agua de limón y, a fuego lento, se dejan dorar ligeramente; se añade el oporto y se deja que cueza para que resulte reducido a la mitad por evaporación.

3 Se agrega la nata y, a fuego vivo, se deja evaporar todo hasta que la salsa se espese y quede reducida a la mitad. En el momento de servir, se rectifican de sal y se cubren los escalopines con esta salsa.

Pato a la Naranja

INGREDIENTES PARA 4 PERSONAS

*1 pato de 1 y 1/2 kg. de peso
aproximadamente, con su hígado
10 chalotas
100 g. de manteca de cerdo
1 vaso de vino tinto
1 hoja de laurel
1 naranja grande
2 zanahorias
2 copas de brandy
Una cucharadita de harina
Sal y pimienta*

1 Calentar la manteca de cerdo en una cazuela de barro suficientemente grande, y dorar uniformemente el pato, previamente sazonado con sal y pimienta.
Aparte añadir las chalotas peladas, y las zanahorias raspadas y troceadas y continuar rehogando unos minutos.

2 A continuación, regar con el brandy, dejar que se evapore ligeramente y verter por encima el vino y añadir la hoja de laurel después. Continuar cocinando.

3 Mientras, pelar la naranja, eliminando las pieles blancas, licuar la pulpa y reservar. Picar la cáscara y majarla junto con el hígado, agregar la harina y diluir con un vaso de agua. Verter esta mezcla sobre el pato y meter al horno hasta que esté en su punto, regándolo frecuentemente con su fondo de cocción. Unos minutos antes de finalizar la cocción, añadir el zumo de naranja.
Por último trinchar el pato, disponiéndolo en una fuente de servir. Se pasa la salsa por el chino y se sirve al lado.

Pollo al Chilindrón

INGREDIENTES PARA 4 PERSONAS

*1 pollo
4 tomates
4 pimientos verdes
1 cebolla
150 g. de jamón
1 vaso de vino blanco
4 dientes de ajo
Guindilla
Sal*

1 Limpiar el pollo, trocearlo y sofreírlo en una sartén con aceite hasta que este dorado.

2 En el mismo aceite de freír el pollo se rehogan los tomates, los pimientos verdes, los ajos finamente picados y la guindilla y la cebolla.
Se incorporan los trozos de pollo y se deja cocer durante 5 minutos.

3 A continuación, se añade el jamón picado y el vino y se continua la cocción durante otros 5 minutos.

CONSEJO

Este plato consigue su mejor sabor si se elabora alargando los 5 minutos para lo que hay que bajar la temperatura de la placa.

Merluza Fría con Vinagreta

INGREDIENTES PARA 6 PERSONAS

1 kg. de merluza cortada en 6 rodajas
1/2 l. de agua fría
1 ó 2 limones
1 cebolla pequeña
3 ó 4 ramas de perejil
1 hoja de laurel
Sal

PARA LA SALSA VINAGRETA:

6 pepinillos en vinagre medianos
1 cebolla pequeña de 100 g.
2 cucharadas de perejil picado
1 diente pequeño de ajo picado muy fino
1 y 1/2 dl. de aceite de oliva
1/2 dl. de vinagre
1 dl. de agua fría
1 pizca de azúcar
1 pizca de huevo duro
Sal

1 En un recipiente de bordes bajos se mezclan en frío el agua, un poco de sal, el zumo de limón, perejil, laurel y la cebolla cortada en lonchas y se deja que rompa a hervir.

Se añaden, colocándolas bien, las rodajas de merluza que deberán resultar casi cubiertas por el caldo; se tapa el recipiente y se continúa el hervor interrumpido de 5 a 10 minutos, según el grueso de las rodajas. Se dejan enfriar éstas con el recipiente destapado.

3 A la mezcla picada se le añade el resto de los ingredientes, se revuelve bien y se guarda en recipiente de material inalterable en el frigorífico.

2 Para preparar la salsa vinagreta procederemos de la siguiente manera.
Picar separadamente y lo más fino posible la cebolla, los pepinillos y el huevo duro; se juntan con el perejil, los ajos también picados y se sigue picando todo el conjunto para que resulte muy fino y unido.

4 La merluza se sirve con la vinagreta, que habrá sido batida en este momento. Se coloca en una fuente adornada con rodajas de limón y una ramita de perejil.

CONSEJO

Para que la salsa resulte ligada debe cocer los cinco últimos minutos a fuego fuerte.
Puede emplearse igualmente otro pescado blanco, como mero, rape o lubina.

Lomo de Cerdo a las Hierbas

INGREDIENTES PARA 4 PERSONAS

1 kg. de lomo de cerdo cortado con hueso
2 dientes de ajo
2 cebollas
1 hoja de laurel
2 ramitas de romero
2 clavos
1/2 vaso de aceite de oliva
2 cebollas
1 hoja de laurel
Sal y pimienta

1 Adobar el lomo con todas las hierbas.

2 A continuación, rehogar en el aceite la cebolla picada con las especias y reservar.

3 Entretanto, dorar el lomo en el horno a unos 200ªC. Una vez dorado se cortará en rodajas.

4 Se sirve espolvoreado con las especias y acompañado de la cebolla picada.

C O N S E J O

Para que el corte del lomo sea más perfecto conviene dejarlo enfriar. Se servirá caliente.

Pechugas a la Salvia

INGREDIENTES PARA 4 PERSONAS

4 pechugas de pollo
50 g. de jamón serrano picado
30 g. de setas secas remojadas
2 hojas de salvia
2 cucharadas de brandy
200 g. de higaditos de pollo
100 g. de mantequilla
2 cucharadas de harina
1/4 litro de caldo de ave
Sal y pimienta

1 Lave las pechugas de pollo, séquelas, enharínelas ligeramente y dórelas por ambos lados en una cacerola con la mitad de la mantequilla y las hojas de salvia. Incorpore el brandy y déjelo evaporar, añada poco a poco el caldo y continúe la cocción durante 30 minutos. Salpimente.

2 Escurra y pique las setas y sofríalas en una cacerola con el resto de la mantequilla durante 10 minutos, luego incorpore los higaditos y el jamón y deje que cueza durante algunos minutos más. Rectifique la sazón.

3 Corte el papel de aluminio en cuatro rectángulos del mismo tamaño y lo bastante grandes para contener las pechugas de pollo, sobre las que distribuirá la mezcla de higaditos, setas y jamón, con un poco de su jugo. Doble las láminas de aluminio formando paquetes y ciérrelos perfectamente.

Coloque los "papillotes" sobre la placa e introdúzcala en el horno durante 15 minutos. Sirva las pechugas directamente sin desenvolver, sobre una fuente.

Romescu de Pescado Costa Brava

INGREDIENTES PARA 6 PERSONAS

*1 y 1/2 kg. de pescado variado (merluza, rape,
etc.), bien limpio y cortado en trozos
6 dientes de ajo
Una rebanada de pan
Una docena de almendras tostadas, peladas
2 pimientos romescu (pequeños, redondos y secos)
250 g. de tomates pelados y picados
125 ml. de aceite de oliva
2 copas de brandy*

1 Calentar el aceite en una sartén al fuego, añadir los ajos, el pan, las almendras tostadas, los pimientos, y los tomates y rehogar durante unos minutos. Retirar con una espumadera, pasar a un mortero y majar bien. Diluir con una tacita de agua y reservar este preparado.

2 Pasar el aceite que ha quedado en la sartén a una cazuela de barro al fuego, dejar que se caliente y dorar el pescado troceado. Regar con el brandy.

3 Cuando rompa a hervir, agregar el preparado anterior. Mover la cazuela para que el preparado se distribuya de manera uniforme y cocinar a fuego lento hasta que el pescado esté en su punto.
Conviene servir muy caliente.

Bacalao con Salsa de Leche de Coco

INGREDIENTES PARA 4 PERSONAS

*750 g. de bacalao fresco, sin espinas y cortado
en porciones gruesas
1 hinojo
4 chalotas
500 g. de tomate al natural triturado de lata
3 cucharadas de aceite de oliva
Sal y pimienta*

*PARA LA SALSA DE LECHE DE COCO:
200 g. de coco ralladado
1/2 litro de agua*

1 Para preparar la leche de coco se calienta el agua en un cazo al fuego. Se pone el coco rallado en un escurridor fino y, cuando el agua esté caliente se vierte sobre él dejando caer el jugo sobre un cuenco. Se presiona el coco con una cuchara y se repite varias veces esta operación para extraer la máxima cantidad de leche.
Después, limpiar el hinojo, lavarlo bien y cortarlo en juliana fina. Pelar las chalotas y cortarlas en tiras. Calentar el aceite en una cacerola y rehogar ambos, hasta que tomen color.

2 Después de agregar el tomate triturado y cocer durante 5 minutos, incorporar la leche de coco preparada anteriormente, sazonar con sal y pimienta al gusto, mezclar con una cuchara de madera y cocer unos minutos más antes.

3 Poner sobre la salsa el pescado, rectificar la sazón si fuera necesario, tapar la cazuela y cocer durante unos 15 minutos o hasta que el pescado esté en su punto. Servir espolvoreado con coco rallado.

Pollo Asado con Polenta y Espinacas

INGREDIENTES PARA 4 PERSONAS

1 pollo de aproximadamente 1 kg. de peso
Unas ramitas de romero fresco
100 g. de manteca de cerdo
1 kg. de espinacas
2 cebollas finamente picadas
1 diente de ajo
2 cucharadas de aceite de oliva
2 tomates
1 cucharada de pasas sultanas
1 cucharada de piñones
Sal y pimienta negra recién molida
PARA LA POLENTA
250 g. de harina de trigo
75 g. de mantequilla
Abundante aceite para freír
Sal

1 Lavar bien el pollo, secarlo y sazonar, tanto por dentro como por fuera, con sal y pimienta. A continuación, poner en su interior el romero y un pegotito de manteca, extender la restante por toda la superficie del pollo. Finalmente introducir en el horno previamente calentado a 200ºC.

2 Mientras tanto, se puede preparar la polenta. Para ello se vierte un litro de agua en una cacerola al fuego, se añade la mantequilla y sal y, cuando rompa a hervir, se incorpora la harina.

3 Conviene remover constantemente con una cuchara de madera, para evitar que se formen grumos. Cocinar durante aproximadamente unos 20 minutos sin dejar de hacerlo, de manera que se obtenga una masa fácil de despegar de las paredes de la cacerola. Retirar del fuego, extender la masa sobre una superficie lisa ligeramente engrasada, y dejar enfriar.

Mientras, se pueden lavar las espinacas y cocerlas en agua salada; escaldar los tomates en agua caliente, pelarlos y picarlos.

4 Calentar el aceite en una sartén al fuego, añadir el ajo y las cebollas y rehogar hasta que estas últimas estén transparentes. A ello agregar los tomates y las espinacas picadas, las pasas y los piñones, sazonando con sal y pimienta al gusto y cocinando durante unos minutos.

5 Cuando la polenta esté fría se corta en bolitas y se frien en el aceite bien caliente, hasta que estén doradas por todas partes.

Una vez asado el pollo, se retira del horno, eliminando el romero para servirlo acompañado de las espinacas y la polenta.

CONSEJO

La polenta es una masa que permite ser utilizada en formas caprichosas y figuras variadas, como rombos, estrellas, etc... que, además de acompañar, adornan.

Plátanos Flambeados

INGREDIENTES PARA 4 PERSONAS

4 plátanos
60 g. de mantequilla
50 g. de azúcar
El zumo de una naranja
2 copas de kirsch u otro licor

1 Después de elegir unos plátanos en su punto óptimo de madurez para que no se deshagan, se pelan y parten por la mitad y a lo largo.

3 Espolvorearlos a continuación con azúcar y el zumo de naranja. Agregar el kirsch, flambear, y servirlos rociados ligeramente de canela.

C O N S E J O

Si los plátanos están muy maduros conviene pasarlos por harina antes de rehogar.

2 A continuación se pasan por harina y rehogan en la sartén con la mantequilla.

Naranjas Acarameladas

INGREDIENTES PARA 4 PERSONAS

8 naranjas
200 g. de azúcar
150 g. de confitura de naranjas
1 cucharada de licor de naranja

1 De las naranjas seleccionadas pelar sólo tres, después de haberlas lavado y secado.

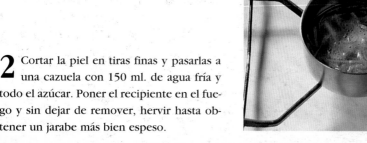

3 Pelar las restantes naranjas y ponerlas con las otras sin piel en una frutera. Encima verter el jarabe muy caliente. Dejar reposar en el frigorífico durante 20 minutos aproximadamente.

2 Cortar la piel en tiras finas y pasarlas a una cazuela con 150 ml. de agua fría y todo el azúcar. Poner el recipiente en el fuego y sin dejar de remover, hervir hasta obtener un jarabe más bien espeso.

4 Servir las naranjas con la confitura desleída en una cazuela, junto con el licor de naranja.

Crema de Naranja y Chocolate

INGREDIENTES PARA 4 PERSONAS

5 yemas de huevo
150 g. de azúcar
1/2 litro de leche
1 rama de vainilla
1/2 tableta de chocolate negro
La cáscara de 1 naranja
1 copa de licor de naranja
1 cucharada de mantequilla
40 g. de maizena

1 Para hacer la crema hay que trabajar las yemas de huevo junto con el azúcar hasta conseguir una masa cremosa. Hervir la leche con la rama de vainilla. Desleir la harina de maíz en un poco de leche fría y agregarla a la leche, mezclándola.

2 Verter la mezcla de huevos y azúcar en un cazo y añadir, poco a poco, la leche caliente, sin dejar de remover. Cocer, a fuego muy suave, removiendo constantemente. Sacar cuando la crema empiece a espesar. Dejar enfriar y disponer en copas.

3 Para enriquecer esta crema pelar la naranja muy fina y cortar la piel en tiras finas. Poner a continuación la mantequilla en una sartén y fundirla a fuego muy bajo añadiendo las tiritas de naranja que dejaremos ablandar durante unos 10 minutos. Incorporaremos el licor y dejaremos cocer 10 minutos más. Tras espolvorear con azúcar y cocer 5 minutos más, apagaremos el fuego y dejaremos enfriar.

4 Añadir las tiritas de naranja a las copas, espolvorear con el chocolate rallado y servir.

Peras Rellenas al Café

INGREDIENTES PARA 4 PERSONAS

4 peras verdes
400 g. de nata montada o helado de crema
2 cucharadas de almendras fileteadas y tostadas
150 g. de azúcar

PARA LA SALSA DE CAFÉ:
120 g. de café en polvo
50 g. de azúcar
Media ramita de vainilla

1 Lavar las peras, cortarlas por la mitad y quitar el corazón, para obtener un hueco grande. Derretir el azúcar en medio vaso de agua caliente y verter en el hueco de las peras. Dejar macerar durante 20 minutos y escurrir.

3 Para prepara la salsa, sumergir el café en agua hirviendo; después pasarlo a una cazuela, poner al baño maría, añadir el azúcar, la vainilla y medio vaso de agua. Remover continuamente hasta que la salsa tenga la consistencia precisa. Retirar la vainilla y pasar a una salsera.

2 Poner dos cucharadas de nata montada o de helado en el centro de cada mitad de pera. Decorar con las almendras fileteadas y servir acompañadas de la salsa de café.

Melón Sorpresa

INGREDIENTES PARA 4 PERSONAS

1 melón de 2 kg.
1/2 kg. de plátanos
5 rodajas de piña
1 copa de licor aromático
4 cucharadas de mermelada de fresas o similar
2 cucharadas de zumo de limón
2 kiwis

1 Se pelan y pican en pequeños dados los plátanos y las rodajas de piña elegidos en su punto óptimo de maduración y color para que resulte un aspecto fresco y apetecible.

4 Una vez abierto se quitan con cuidado las pepitas y se vacía detenidamente todo el contenido con un vaciador.

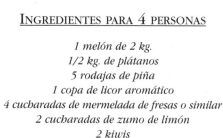

3 Después de haber trabajado el relleno, se procede a cortar el melón por la mitad, en el momento más próximo a su consumo, para que no se deteriore la pulpa.

5 Las bolas obtenidas de este vaciado se juntan con el picado anterior y se usan para rellenar nuevamente el melón junto con la fruta preparada y el kiwi.

2 A continuación se ponen a macerar en un recipiente de cristal con el licor y el zumo de limón durante una hora. Pasado este tiempo se escurre la fruta y se mezcla con la mermelada.

CONSEJO

Escoger para este plato frutas no excesivamente maduras para evitar su deterioro al moverlas y conseguir una presentación más fresca y apetecible.

Compota de Frutas Nevada

INGREDIENTES PARA 4 PERSONAS

8 naranjas
2 plátanos
2 limones
2 pomelos
175 g. de azúcar
1 cucharada de agua de azahar
2 huevos
2 cucharadas de azúcar glass
1 pellizco de sal

1 Pelar las naranjas, quitarles las pepitas y la piel blanca y cortarlas en cuadraditos. Poner en una cazuela el zumo de los dos limones, el azúcar y los trocitos de naranja, llevarlo a ebullición y dejarlo cocer durante 20 minutos, moviéndolo de vez en cuando, para que la cocción sea homogénea. Retirar el cazo del fuego y perfumarlo con el agua de azahar; reservar.

2 Pelar los plátanos y partirlos en rodajitas. A continuación pelar los pomelos, separar los gajos y con la ayuda de un cu-

...illo, quitarles toda la telilla blanca. En un bol, ir colocando capas alternas de fruta fresca y de compota.

3 Montar las claras a punto de nieve, añadiendo una pizca de sal y el azúcar glass. Cubrir el molde anterior con el merengue e introducirlo en el grill y dejarlo unos minutos, hasta que el merengue tome un color dorado. Servir inmediatamente, después de sacarlo del horno, para que el merengue no se baje.

Naranjas al Kirsch

INGREDIENTES PARA 4 PERSONAS

4 naranjas
200 g. de fresas
2 vasitos de kirsch
70 g. de azúcar
200 g. de nata montada

1 Haga una abertura circular encima de cada naranja, quitándole una pequeña parte. Usando una cucharilla especial o un cuchillo fino con mucho filo, extraiga toda la pulpa de las naranjas, con mucho cuidado de no romper la cáscara que deberá mantenerse intacta, en su forma original. Quite las semillas y las pieles de la pulpa y corte ésta en daditos.

2 Mezcle los dados de naranja con las fresas y añada el kirsch y el azúcar. Con esta mezcla rellene las naranjas y conserve en el frigorífico hasta el momento de servirlas.

3 En ese instante, monte la nata con un poco de azúcar y decore con ella la parte superior de las naranja.

Tortilla al Ron

INGREDIENTES PARA **6** PERSONAS

12 huevos
50 g. de azúcar
50 g. de mantequilla
1 y 1/2 dl. de ron u otro licor
1 cucharada de mermelada
Azúcar lustre

1 Para la primera tortilla batir los huevos con los 50 gramos de azúcar procurando que queden perfectamente ligados.

2 Añadir una cucharada de mermelada y continuar batiendo hasta mezclar completamente.

3 En la sartén, con un poco de mantequilla, cuajar la tortilla y enrollarla. Repetir la operación para las cinco tortillas.

4 Servirlas bien calientes, espolvoreadas con azúcar lustre, y flambearlas con el ron.

C O N S E J O

La mermelada también se puede añadir cuando la tortilla todavía está sin terminar de cuajar o introducirla cuando esté hecha dándola un corte.

Bocaditos de Frutas al Chocolate

INGREDIENTES PARA **6** PERSONAS

1 y 1/2 tabletas de chocolate fondant
75 g. de mantequilla
2 plátanos
12 fresas
2 peras
1 naranja

1 Limpiar las fresas. Pelar las otras frutas, cortar en rodajas gruesas los plátanos y en trocitos las peras y separar en gajos la naranja eliminando bien las pieles blancas.

2 Trocear el chocolate y fundirlo junto con la mantequilla en un cazo al baño María.
Pinchar cada porción de fruta en un palillo de madera e introducirlos en el chocolate caliente dejando que se cubran bien.

3 Pinchar los palillos sobre una manzana o una patata para mantener las frutas al aire, e introducir en el frigorífico hasta que el chocolate esté solidificado y servir.

C O N S E J O

Cuidar que el chocolate no se pase de calor porque se pondría granulado y no serviría como cobertura.

Peras Elena

INGREDIENTES PARA 8 PERSONAS

8 peras de agua
4 cucharadas de azúcar
1 cáscara de limón
150 g. de chocolate fondant
2 cucharadas de mantequilla
helado de vainilla
menta fresca o hierbabuena

1 Elegir peras grandes y carnosas que permitan el cocimiento posterior sin perder excesivo volumen.

4 En el almíbar que quede, deshacer el chocolate a fuego lento sin dejar de revolver, añadir la mantequilla y dejar enfriar.

3 En una cazuela, cocerlas sin que se deshagan, con el azúcar, un vaso de agua y la corteza de limón. Retirar y escurrir una vez comprobado el punto.

5 Finalmente colocar dos bolas de helado en cada plato, entre dos mitades de peras que habremos abierto ligeramente dándoles forma de concha. Para dar un toque de color podemos coronar la decoración con una ramita de menta y una guinda verde. Finalmente añadiremos unos cacillos de chocolate caliente sirviendo inmediatamente.

2 A continuación pelar las peras, cortarlas por la mitad y suprimir la parte de las semillas.

CONSEJO

Para comprobar que las peras están hechas se pinchan con un elemento punzante que debe entrar fácilmente.

Crema de Limón

INGREDIENTES PARA 4 PERSONAS

4 limones
1 bote mediano de leche condensada
1 tarrina de nata líquida
50 g. de azúcar
Bartolillos
Caramelo líquido

1 Para hacer un buen trabajo con la crema se necesita jugo suficiente de ahí que se deban elegir limones carnosos y con mucho zumo. A continuación exprimir los limones.

2 Después se ralla la piel de uno de ellos para posteriormente proceder a exprimirlo también.

3 Se mezcla lo anterior con la leche condensada, la nata montada previamente con el azúcar, se bate todo bien, se pone en copas y se mete en el frigorífico.

4 Se sirve acompañado de bartolillos y un poco de caramelo líquido. Conviene también dar un toque de color bien con unas ramitas de menta o con guindas.

Crepes Rellenos de Albaricoques

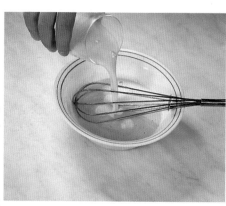

INGREDIENTES PARA 4 PERSONAS

2 huevos
1/2 vaso de harina
1/2 vaso de leche
3 cucharaditas de aceite
Sal
PARA LA CREMA
2 huevos
1/4 de leche
ralladura de limón
4 cucharadas de azúcar
1 cucharada de maizena
1/2 lata de confitura de albaricoque

1 Mezclar todos los ingredientes de los crepes y batirlos con la batidora o las varillas

2 Para hacer la crema, cocer la leche con la ralladura de limón. Deshacer las yemas con el azúcar y la maizena y verter sobre ellas la leche hirviendo, acercar al fuego y mover sin parar.

3 Enfriar y mezclar con la mermelada. Rellenar los crepes y servirlos.

C O N S E J O

Para hacer los crepes, la satén debe estar a temperatura suave para que queden jugosos.

Arroz con Leche

INGREDIENTES PARA 6 PERSONAS

250 g. de arroz
1 litro de leche
Cáscara de 1 limón
8 cucharadas de azúcar
1 ramita de canela
1 cucharada de canela molida
Una pizca de sal

1 Verter en un cazo cuarto litro de leche y la misma cantidad de agua, añadir el arroz, la sal, la rama de canela y la cáscara de limón.

2 Poner el cazo al fuego y cocinar hasta que el arroz esté bien cocido, removiendo frecuentemente con una cuchara de madera y añadiendo, poco a poco, la leche restante, según la vaya absorbiendo el arroz.

3 A continuación, incorporar el azúcar, mezclar bien y cocinar unos minutos más. Retirar del fuego, eliminar la rama de canela y la cáscara de limón, y pasar el arroz a una fuente de servir.

4 Por último, cuando el arroz esté bastante frío espolvorear con la canela molida y servir en tarrinas individuales.

Naranjas Gratinadas

INGREDIENTES PARA 4 PERSONAS

4 naranjas
Aceite de oliva
Azafrán en rama
Almendras laminadas

1 Se pelan las naranjas sin dejar nada de la parte blanca de la cáscara y se cortan en rodajas de un centímetro de grueso procurando que sean todas iguales.

2 Se colocan en un plato donde las espolvoreamos ligeramentecon azúcar dejando que se absorba.

3 Colocamos encima las láminas de las almendras y las rociamos con aceite de oliva. Encima pondremos unas hebras de azafrán. Meterlas a gratinar hasta que la almendra tome color.

4 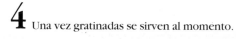 Una vez gratinadas se sirven al momento.

Banda de Manzana

INGREDIENTES PARA 4 PERSONAS

500 g. de hojaldre congelado
4 manzanas
Huevo batido
Azúcar
Mermelada de albaricoque
1/4 l. de nata montada

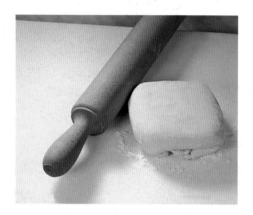

1 Estirar el hojaldre a lo largo y formar una banda poniendo unas tiras a lo largo en los bordes. Al trabajar el hojaldre, colocarlo sobre una superficie muy lisa que permita el trabajo suave del rodillo, para procurar que toda la masa quede homogénea y del mismo grosor.

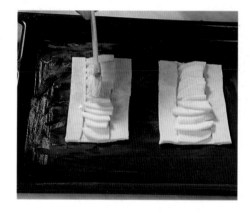

4 Pintar con el huevo batido con ayuda de una brocha, extendiéndolo cuidadosamente.

3 Rellenar el centro de la masa de hojaldre procurando colocar la manzana de forma ordenada y decorativa.

2 A continuación partir las manzanas en gajos finos de igual tamaño que usaremos pronto para que no se oxiden.

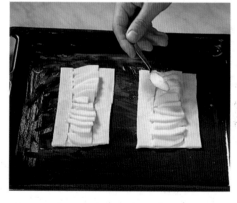

5 Finalmente espolvorear con el azúcar y meter al horno durante 20 minutos a 200ºC.
Para conseguir un acabado de la banda más luminoso y gustoso abrillantar con mermelada una vez que esté completamente fría.
Servir acompañada de nata montada distribuida a ambos lados.

C O N S E J O

Como la manzana es una fruta que se consigue en cualquier época del año,
éste es un postre fácil para terminar cualquier comida.

Puré de Frutas Rojas

INGREDIENTES PARA 4 PERSONAS

200 g. de fresón
200 g. de arándanos o moras congelados
1 vaso de cava
1 limón
150 g. de azúcar
1 vasito de nata líquida

1 Poner las fresas lavadas y sin hojas, los arándanos descongelados, o las moras, según lo que se haya elegido, y el azúcar, a macerar en el limón durante una hora.

3 Conseguido un puré cremoso colocarlo en un bonito recipiente de cristal que pueda sacarse a la mesa y dejar que se enfríe en la nevera durante una hora. Después servir.

C O N S E J O

El puré se puede rebajar, al batir, con un poco de nata líquida si deseamos que resulte de un sabor más suave.

2 Triturar todo hasta que quede hecho puré. Verter el cava y mezclar.

Melocotones Melba

INGREDIENTES PARA 6 PERSONAS

3 melocotones grandes
500 g. de helado mantecado
1/2 ramita de vainilla
3 cucharadas de azúcar

PARA LA SALSA DE FRAMBUESAS:
350 g. de frambuesas
1 cucharada de ron
2 cucharadas de azúcar glass

1 Escaldar los melocotones en agua hirviendo, pelarlos y dividir por la mitad, eliminando el hueso.
Poner las mitades de melocotón en una cazuela, cubrir con agua, añadir el azúcar y la vainilla y cocer, a fuego lento, hasta que el fondo de cocción tenga la consistencia de un almíbar espeso, pero teniendo cuidado con los melocotones ya que deben quedar enteros. Retirar del fuego y dejar enfríar

2 Poner las frambuesas completamente limpias en el vaso de la batidora eléctrica y batir hasta convertirlas en puré.

3 A continuación, agregar el azúcar glass y el ron y mezclar bien.

4 Por último, poner las mitades de melocotón en un plato con un chorrito de nata y el helado y decorar con el puré de frutas.

Biscuit de Higos con Salsa de Nueces

INGREDIENTES PARA 4 PERSONAS

4 huevos
125 g. de azúcar
1/4 l. de nata
200 g. de higos secos
Caramelo líquido

1 Montar la nata mientras los higos están en remojo en agua durante una media hora. A continuación escurrirlos y triturarlos en la batidora.

2 Batir los huevos con el azúcar durante 10 minutos en batidora eléctrica; cuando estén muy espumosos y de color claro, añadir los higos triturados y mover con cuidado para que no se bajen los huevos.

3 Incorporar la nata montada sin azúcar y mezclarla bien.

4 Verter la preparación en copas y meter en la nevera durante dos horas. Al servir decorar con el caramelo.

Manzanas Asadas Rellenas de Frutas

INGREDIENTES PARA 4 PERSONAS

4 manzanas grandes
100 g. de frambuesas
100 g. de fresas
50 g. de azúcar
50 g. de mantequilla
200 ml. de nata líquida
3 cucharadas de azúcar glass
1 copa de kirsch
El zumo de 1 limón

1 Limpiar cuidadosamente las fresas y las frambuesas, ponerlas en un cuenco de cristal y espolvorear con la mitad del azúcar. Regar con la mitad de licor y dejar en maceración durante 1 hora.
A continuación, lavar y secar las manzanas. Cortar un tercio de la parte superior y vaciarlas ligeramente. Untar el interior de cada una de ellas con el zumo de limón para evitar que se oscurezcan.

2 Escurrir las frutas del líquido de la maceración, reservando éste aparte, y rellenar las manzanas con parte de las frutas.

3 Seguidamente, poner las manzanas rellenas en una fuente de horno, regarlas con el líquido de la maceración, añadir un poco de mantequilla y azúcar a cada manzana. Mezclar el azúcar y la mantequilla restante con una tacita de agua y verterlo en la fuente, introducir en el horno y cocinar durante unos 20 minutos. Retirar del horno y enfriar. Mientras tanto, poner en la batidora el resto de las frutas maceradas y del kirsch, agregar la nata y el azúcar glass y batir hasta obtener una salsa suave y homogénea. Servir las manzanas frías con la salsa preparada.

Merengues con crema de chocolate

INGREDIENTES PARA 4 PERSONAS

3 claras de huevo
200 g. de azúcar glass
Una pizca de sal
2 cucharadas de mantequilla

PARA LA CREMA DE CHOCOLATE
3 yemas de huevo
90 g. de azúcar glass
1 cucharada de maizena
150 g. de leche
180 g. de mantequilla
30 g. de chocolate fondant rallado
1 cucharada de ron

1 Batir las claras junto con una pizca de sal, a las que hay que incorporar, poco a poco, el azúcar sin dejar de batir, hasta que estén bien montadas a punto de nieve fuerte.

Untar ligeramente con mantequilla doce papeles de barba y ponerlos bien distanciados entre si, sobre la placa del horno.

A continuación poner el preparado de merengue en la manga pastelera de boquilla rizada y colocar sobre cada cuadrado de papel una capa de merengue de 1 centímetro aproximadamente. Cuando el horno esté a 120º, introducir la placa en el mismo y cocinar los merengues durante 1 hora.

3 En un cuenco aparte diluir la maizena con la leche tibia y, sin dejar de remover, incorporarla a los huevos. Poned todo en una cacerola sobre el fuego muy bajo y dejar que cueza, sin dejar de remover, durante 8 minutos aproximadamente o hasta que la crema esté espesa. En ese momento, hay que retirarla del fuego.

4 Derretir al baño maría, a fuego lento, el chocolate fondant removiendo sin cesar, y mézclar con la crema que hemos preparado anteriormente.

5 Incorporar la mantequilla en pedacitos, sin dejar de remover y a continuación el ron. Dejar enfriar.

Pasado el tiempo previsto retirar los merengues del horno y dejar enfriar.

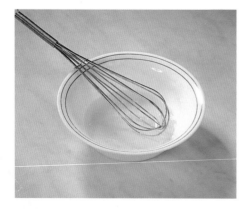

2 Durante el tiempo que los merengues están en el horno se baten en un recipiente las yemas de huevo con el azúcar, hasta que empiecen a blanquear.

6 Finalmente servir individualmente los merengues, espolvorear con chocolate rallado y servir con crema de chocolate.

Mousse de Piña

INGREDIENTES PARA 4 PERSONAS

1 lata de piña
6 cucharadas de azúcar
4 huevos
Nueces partidas para adornar

1 Reservar dos rodajas de piña encima de un papel de cocina para que absorba el jugo.
En el recipiente de la batidora eléctrica poner el resto de la piña y su jugo, batir muy bien, añadir el azúcar y volver a batir. Romper el huevo y separar las yemas de las claras. Mezclar las yemas con la piña batida.

2 Cortar a trocitos la piña que tenemos reservada.

3 Pasar la mousse a un cuenco y adornarla con trocitos de piña y nueces. Servirla muy fría.

C O N S E J O

La preparación de este mousse sirve para cualquier otro tipo de fruta en almíbar.

Tartitas Individuales de Manzana

INGREDIENTES PARA 4 PERSONAS

4 trozos de pan de molde
50 g. de mantequilla
4 manzanas
4 cucharadas de azúcar
1 limón

1 Con un cuchillo, quitar la corteza del pan, untarlo ligeramente con mantequilla que se extienda bien.
Calentar el horno a 180º.

2 Pelar las manzanas, quitarlas el corazón, y cortarlas en láminas finas del mismo grosor. Exprimir medio limón y regar las láminas para que no se oxiden.

3 A continuación colocar las manzanas encima del pan y añadir unas bolitas de mantequilla. Espolvorear con el azúcar. Después de tener en el horno durante 10 minutos, encender el gratinador y dorar 4 minutos más.

4 Servir templadas y regadas con nata líquida o acompañadas de nata montada.

Dulce de Peras Borracho

INGREDIENTES PARA 4 PERSONAS

500 g. de peras muy maduras
1/2 vaso de vino blanco
125 g. de azúcar
El zumo de 1 limón
12 láminas de gelatina
2 copitas de Kirsch
200 ml. de nata líquida
3 claras de huevo
PARA ADORNAR
Nata montada
Fideos de chocolate

1 Pelar las peras, eliminar el corazón y cortarlas en cuartos.

2 Calentar en un cazo al fuego medio vaso de agua, el vino, añadir el azúcar, el zumo y la cáscara del limón y las peras y cocer, a fuego moderado y removiendo con una cuchara de madera, durante unos 10 minutos.

Mientras tanto, ablandar la gelatina en abundante agua escurrirla y diluirla con un poco de agua.

Transcurrido el tiempo de cocción de las

peras, retirar la rama de vainilla, escurrirlas y pasarlas por la batidora eléctrica hasta convertirlas en puré, añadir la gelatina y el kirsch y mezclar bien.

3 A continuación, montar la nata y las claras de huevo por separado y mezclarlas con el puré de peras. Seguidamente, verter en copas o tarrinas la crema preparada. Introducir en el frigorífico y dejar cuajar. Antes de servir, adornar con la nata montada y fideos de chocolate. Se le puede dar un toque de color con unas hojas de menta.

Crema de Queso

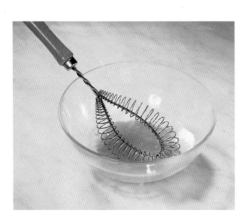

INGREDIENTES PARA 4 PERSONAS

3 tarrinas de queso de untar
4 huevos
5 cucharadas de azúcar
1 cucharada de licor al gusto
12 bastoncillos de galleta de chocolate

1 Separar las claras y las yemas de los huevos

Las yemas se ponen junto con el azúcar y se baten bien hasta obtener una crema blanca y fina.

2 Añadir el queso y el licor y con el batidor de mano batir bien hasta obtener una crema blanca y fina. Guardar en la nevera tapado con un papel de plástico.

3 En el momento de servir, batir las claras a punto de nieve con una pizca de sal para que queden más fuertes y mezclarlas suavemente con la crema anterior con la ayuda de una espátula.

4 Verter en el cacharro para servir. Dejar enfriar al menos durante una hora. Adornar con los bastocillos de chocolate.

Indice de recetas

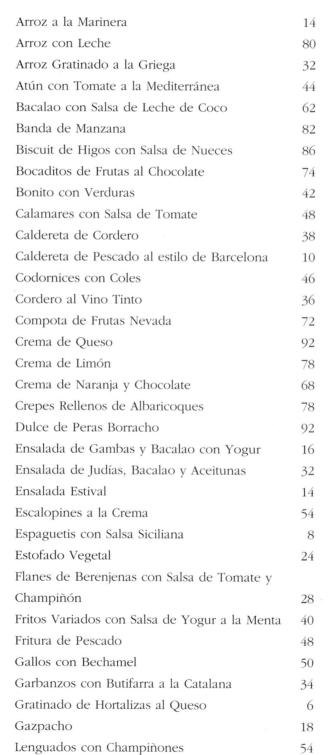

Vocabulario de Americanismos

Aceite: óleo.
Aceituna: oliva.
Adobo: aliño. marinada.
Ajo: chalote.
Albahaca: alfábega, alébega.
Albaricoque: damasco, albarcoque, chabacano.
Alcachofa: alcahucil, alcuacil, alcací.
Alcaparra: pápara.
Aliño: condimento.
Almíbar: jarabe de azúcar, agua dulce.
Alubia: arveja, calamaco, caraota, fréjol, fríjol, judía, poroto, habichuela.
Anchoa: anchova, boquerón
Apio: apio España, celerí, arracachá, esmirnio. panul, perejil macedónico.
Arroz: casulla, macho, palay
Atún: abácora. albácora, bonito.
Azafrán: bijol, color, brin, croco.
Azúcar glass: azucar glacé.
Bacalao: abadejo.
Bacon: tocino ahumado, panceta ahumada, tocineta .
Bechamel: besamel, besamela, salsa blanca.
Bizcocho: biscocho, cauca, galleta.
Boquerones: anchoíta, aladroque, alece, lacha.
Bonito: abácora, bonito.
Butifarra: salchicha, chorizo.
Cacahuete: maní.
Cacao: soconusco.
Calabacín: calabacita, zambo, zapallito, hozo, zapallo italiano.
Carne asada: churrasco
Carne de vaca: carne de res.
Cebolleta: cebolla cabezona.
Cerdo: chancho, coche, lechón.
Cinta: carré.
Codorniz: coyoleo.
Comino: alcaravea, kummel.
Condimentar: aliñar.
Confitar: glasear.
Cordero: corderito.
Codornices: coyoleo.
Confitura: mermelada.
Curry: cary.
Chalota: echalote.
Clavo: clavo de olor, clavete.
Champiñón: seta, hongo.
Chirla: almeja pequeña.
Chocolate: cacao.
Chorizo: salchicha.
Chuleta: bife.
Despojos: asadura, bofe.
Embutidos: carnes frías.
Endibia: escarola.
Escarchar: cristalizar.
Escarola: lechuga crespa.
Especias: olor.
Filete: lomito, bistec, entrecote.
Foie-gras: paté.
Frambuesa: mora.
Fresa: frutilla.
Gamba: camarón, langostino.
Garbanzo: mulato.
Gelatina: jaletina, granetina.
Guarnición de verdura: hogao.
Guindilla: ají picante, chile, chile picante.
Guisante: alverja, arveja, chicharro, petit pois, poroto.
Hierbabuena: menta fresca.
Huevo: blanquillo.
Jamón: pernil.

Jamón serrano: jamón crudo.
Jamon york: jamón cocido.
Judía: alubia, arveja, calamaco,carota, faba, fasol, frejol, frisol, frisuelo, fríjol, habichuela, poroto, vainita.
Judía verde: bajoca, chaucha, poroto verde, vaina, ejote.
Limón: acitrón, bizuaga, lima.
Lomo: cuadril, lomillo.
Lenguado: suela.
Macarrones: amaretti, mostachón.
Magro de cerdo: lomo de cerdo.
Maíz: abati.
Maizena: capí.
Manteca: grasa animal destilada.
Mantequilla: manteca.
Manzana: pero, perón.
Mejillón: moule, ostión, cholga.
Melocotón: durazno.
Merengue: besito.
Merluza: corvina.
Miga de pan: borona.
Mora: nato.
Morcilla: hueso con carne, tortuguita.
Mostaza: jenabe, mostazo.
Nabos: coyochos.
Nata líquida: crema de leche sin batir.
Nuez: coca.
Ñora: ají muy picante, chile picante,pimiento, pimentón.
Pan de molde: pan inglés, pan sandwich, pan cuadrado, pan de caja.
Pan rallado: pan molido.
Pasas: uvas pasas.
Pasas de corinto: uvas sin carozo, uva pasa sin semilla.
Pastel: budin, pudín, puding.
Patata: papa.
Pelar: arruchar.
Pepinillo: pepino, pepino pequeño encurtido.
Pescadilla: merluza pequeña.
Picadillo: recado.
Pierna: canilla.
Pimentón: chile poblano.
Pimienta: pebre.
Pimiento : conguito, chiltipiquin, chiltona.
Pimiento morrón: ají morrón.
Pimiento rojo: ají, chile.
Pimiento verde: poblano, gualpe.
Piña: ananá, abacaxí.
pizca: chicote, miringa.
Plátano: banana, banano, cambur.
Puerro: ajo-porro, porro.
Rábano: rabanillo.
Rape: raspado, pejesapo.
Redondo: pesceto.
Relleno: recado.
Remolacha: betabel, betanaga, betenaga, beterreve, beterrave.
Repollo: col.
Romero: rosmarino
Salchichas: chorizo, cervela moronga.
Salmonete: barbo de mar, trilla.
Salsa de tomate: tomatican.
Seta:
Ternera: jaca, mamón, becerra, chota, novilla, vitela.
Tocino: cuito, lardo, murceo, unto.
Tomate: jitomate.
Trufa: criadilla de tierra.
Tuétano: cracín, médula.
Vainilla: hixóchitl.
Zanahoria: azanoria.